DETWAN HOW?
Poems in Tok Pisin and English

Steven Edmund Winduo

2012

Copublished by UPNG Press and Bookshop
and
Manui Publishers

BUAI Series, Number 6
BUAI-Books, Useful Articles and Information

ISBN 978-9980-945-82-2

University of Papua New Guinea Press and Bookshop
PO Box 413
University PO, NCD
Papua New Guinea

Manui Publishers
PO Box 47
University Post Office
National Capital District
PapuaNew Guinea

Copyright © 2012 Steven Edmund Winduo

All rights reserved. No part of this publication may be reproduced, stored in a retrieval system, or transmitted in any form or by any means, electronic, mechanical, photocopying, recording or otherwise, without the prior written permission of the publisher and individual authors.

Dedicated to all proud writers and readers of Tokpisin

Contents

Wetim Moni (Money Wait) 1
Susa Bilong Mi (My Sister) 3
Maus Wara Man (Mouthful of Water) 5
Dinau Laip (Borrowed Living) 7
Sampela Tingting (Some Thoughts) 9
Tumbuna Bilas (Tumbuna Costume) 11
Nogat Rot (No Road) 13
Bel Kros (Discontent) 15
My Son (My Son) 17
Lusim Mi (Leave Me Alone) 19
Olgeta De (Every Day) 23
Detwan How? (What's the Matter?) 25
Toktok Nating (Just Talk) 27
Honiara Paia (Honiara On Fire) 29
Danis Bilong Yumi (Our Dance) 31
Bilum (Bilum) 33
Nogen Wari (Do Not Fetter) 35
Save Stap (Knows It) 37
Larim Bougainville (Leave Bougainville Alone) 39
Man Nating (Ordinary Man) 41
Taim Bilong Yumi (Our Time) 43
Straik Stap (On Strike) 45
Luksave Stap (Understanding) 47
Bilip (Believe) 49
Giamanim Husait (Who is to Blame) 51
Daunim Nem (Humble Yourself) 53
Pasin (Ways) 55

Aroma Coast	57
Gabagaba	59
Kalo	61
Sepik Pawa (Sepik Power)	63
Olsem Pisin (Like a Fish)	65
Bihainim Em (Follow)	67
Tarasel (Turtle)	69
Muruk na Pato (Cassowary and Duck)	71
Pasin Pasifik (Pacific Way)	73
Yu Yet (Yourself)	75
Kambek (Return)	79
Mandarin Sevis (Mandarin Service)	81
About the Author	83

Wetim Moni

Yu bin promis las yia
Taim yu kamap long ples

Yu bin kirampim paia
Bilong papa na em i no wari moa

Em i save yu no giaman
Em i salim walis i go

Long ol lain blong em
Tokim ol olsem neks yia

Bai wok i kirap
Nau em i taim blong ol

Long helpim em
Stretim hevi i stap

Insait long bel bilong em
Taim meri bilong em

I bin dai yangpela yet
Salim moni papa i wetim

Money Wait

You promised last year
When you arrived in the village

You started the fire
In father's name and he is not worried anymore

He knows you did not lie
He sent messages out

To all his relatives
Telling them it is next year

Work will begin
Now it is their time

To help him
Fix his burden

In his stomach
When his wife

Died very young
Send money father is waiting

Susa Bilong Mi

Susa blong mi
Asde mi tingim yu
Mi tingting tumas
Olsem yu stap klostu

Susa bilong mi
Mi no save tingting
Karanki karanki long yu
Kamap namba tu meri

Long narapela brata blong mi
Mi no save long yu nau
Mi lukim pes blong yu
Long TV bilong het

Nau mi tingim smail
Blong yu tasol
I olsem kala bilong flawa
Blong moning i nais moa

My Sister

My sister
I thought of you yesterday
I am so concerned
When you are near

My sister
I never think
Bad thoughts about you
Becoming a second wife

To another brother of mine
I don't know about you now
I saw your face
In the TV of my head

Now I think of your smile
That is yours
It is like the colour of a flower
In the morning so beautiful

Maus Wara Man

Yu stap we bipo,
Na nau kamap
Long haus bilong mi?
Husait i tokim yu long mi?
Taim yu opim maus mi harim:
"Taim mi win bai mi baim kar
Bilong yu na mekim wok long yu"

Mi save long ol rot bilong wok
Ol save lain i pulap long opis
Yu mas strongim nem bilong mi
Mi tasol mi save long ol dua
Bilong haus i gat save moa
Mi no save mekim pekpek toktok
Mi wanpela stretpela man

Ol lain bilong mi bai tokim yu
Mi holim planti bikpela wok
Long gavman na long kampani tu
Nau mi tingting long go bek
Long ol pipel bilong mi
Ol i nidim mi moa
Ol i no rabis lain
Ol tu bai kamap stong olsem
Ol narapela pipel

MOUTHFUL OF WATER

Where were you before
And you just appeared
In my house?
Who told you about me?
When you opened your mouth I listened,
"When I win I will buy a car
For you and give you a job"

I know the way things work
Educated people run the office
You must support my name
I'm the only one who knows the door
To the house with more knowledge
I don't make shit talk
I am a good man

My supporters will tell you
I held a lot of big positions
With the government and private sector
Now I want to go back
To my people
They need me more
They are not losers
They too will become strong
Like other people

Dinau Laip

Olgeta taim bihain long wok
Mipela go long stua

> Mipela lusim olgeta moni mipela i gat
> Long lukautim haus

Na givim kaikai long ol pikinini
Mipela i no gat moni long benk

> Long salim long ol papa mama
> Long go long holide long narapela hap

Long baim skul fi bilong ol wantok
Long baim meri na woking kastom

> Laip bilong mipela em dinau laip
> Moni mipela mekim i lus

Long nambawan pei de
Mipela salim laip bilong mipela pinis

BORROWED LIVING

Everyday after work
We go to the shop

>We spent all we have
>To keep the house

And feed the children
We don't have savings

>To send home to our parents
>To go on a holiday somewhere

To pay for our relatives' school fees
For bride price and customary deeds

>Our living is a borrowed one
>The money we earn disappears

On the first day we are paid
Our lives are sold to someone

SAMPELA TINGTING

Nau long bik moning stret
Taim ol haus lain
I slip pulim win yet
Mun i go daun long ples
Bilong em long Sureng

Plenti aua i go pinis
Em i kamap long Samarai
Mi bin tingim Sepik
I stap namel we kandere
Bilong mi i stap bipo

Nau long tulait stret
Sampela gutpela tingting
I kamap long mi
Ating taim san i kamap
Em bai tingting bilong mi
I painim hevi long go
Moa yet olsem bipo

SOME THOUGHTS

Now early in the morning
With the house people
Still in their sleep
Moon descends at a place
Somewhere in Sureng

Some hours have passed
Since it emerged from Samarai
I thought of the Sepik
Which is in the middle
Where my uncle lived

Now at dawn
Some wonderful thoughts
Surfaced in me
Maybe with the sun's arrival
I will no longer be
Burdened to
Go on further

Tumbuna bilas

Olgeta taim mi lukim
Bilas bilong tumbuna
Yupela i bin givim mi
Ol i stap gut long bilum
I kamap long han bilong yupela
Mi bilasim rum bilong mi
Em ol peren bilong mi
Wantaim ol pasin bilong Zia
Yumi bin kaikai wantaim
Yumi bin wokabaut wantaim
Yumi bin singsing wantaim
Na lap i go inap ai wara
I ron olsem Waria wara
Yumi singaut strong
Pasin bilong tumbuna i strong
Yu mas sanap na strongim

TUMBUNA COSTUME

Every time I see
The dressings of *tumbuna*
That you gave to me
They are kept safe in the *bilum*
You made with your hands
I decorated my room with it
They are my friends
Together with Zia ways
We ate together
We walked together
We sang together
And laughed until tears
Ran like Waria River
Let us proclaim
Tumbuna ways are strong
Let's stand up and strengthen them

Nogat Rot

Ol pikinini krai stap
Na mama daunim het stap
Long lukim laki namba
Em rausim long benk
Papa blong ol mangi we?
Kandere ol lewa i karai
Nogat tru ol wanpisin
I stap klostu long lukim
Ai wara i kamautim bel i hevi
Ol turangu pikinini blong tumbuna
Pasin karangi i bagarapim yumi pinis
Insait long ples blong yumi.
Namel long pispis blong papa
Na wara blong mama
Husait i asua?
No gat rot blong bekim
Dispela askim i kamap

No way

The children cry
Mother, head lowered
She saw the lucky number
She drew from the bank
Where is the father of the children?
Uncle, the poor children are crying
Not one close relative
Is nearby to see
The tears of trouble
Sorry, children of our ancestors
Bad ways have influenced us
In our society
Between a father's urine
And a mother's water;
Who is at fault?
There is no way to answer
This question

Bel Kros

Karim wari i go long slip
Kirap long harim nius
Long laip i hat moa yet
Pikinini politiks na korapsen
Mi sirious long wok
Tasol bel hevi kisim mi

Long wokabaut blong mi long Waigani
Kirap nogut long ol man kamap bulmakau
Kamapim buai maket long rot
Wanpela kaden klostu long haus
I gat aibika, kon, na banana

Ol i sindaun lukluk ananit long hotpela san
Olsem swit puteto sips sun i kuim
Pes blong ol i wankain long olgeta hap
Ol kam long wanem ples?
Ol bringim pasin blong ol long siti
Pasin blong ol tumbuna blong ol

Husait wari long wanem tingting blong mi
Toktok blong mi i no nap stopim displa karangi
Olgeta lain i painim samting
I gen mekim ol tu i stap alaif
Bel kros blong mi yet

DISCONTENT

Took my sorrow to bed
Only to wake up to daily news
About perpetual poverty
Juvenile politicking and corruption
I go to work in a serious mood
Only to find myself bothered

In my walk today to Waigani
I was troubled to see human cattle
To set up a roadside betel nut market
Near a house a beautiful little garden
Had green *aibika*, corn, and bananas

In the hot sun they sat looking so dry
Like potato chips baked in the sun
Their faces are the same everywhere
Why did they come here in the first place?
In this city they brought with them
The stone-age ways of their tribes

Who cares how I feel about anything
Nothing that I say will stop this madness
Everyone is looking for something
That will make them live on each day
I am only a voice of discontent to myself

My Son

Mi tok *nafa*
Em tok *napa*
Mi tok *frig*
Em tok *fit*
Mi tok *munglwik*
Em tok *munkit*
Mi tok *warahanyek*
Em tok *warahan*
Mi tingting long tokples bilong mi
Em tingting long ol toktok
Mi gen tok ples
Em I lainim tokples
Mi wari long kalsa bilong mi
Em wari long em yet
Mi wanpla poit
Em i nemsek blong wanpela poit i dai pinis

My Son

I say *nafa (one)*
He says *napa (one)*
I say *frig (two)*
He says *fit (two)*
I say *munglwik (three)*
He says *munkit (three)*
I say *warahanyek (four)*
He says *warahan (four)*
I think of my *tokples*
He thinks of words
I can speak it
He is learning the *tokples*
I worry about my culture
He worries about himself
I am a poet
He is a dead poet's namesake

LUSIM MI

Wanem hap mi go
Wanem hap mi stap
Em bodi blong mi bai go daun
Yupla les long mi
Yupla rausim mi
Yupla no respektim mi
Mi no wari long yupla

Mi no stap long strong blong yupla
We mi stap em mi yet
Mi hat wok long brukim bus
Long kamap hia
Nogat man i luksave long mi
Mi yet mi pasim ai na kukim
Inap mi kamap bikpla man

Nau yupla ting em isi
Sori tru taim yupla kaikai graun
I stap mi mekim save long skul

Mi no laik long lukim yupla gen
Yupla lusim mi stap blong mi yet
Yupla i no kam wantaim mi
Taim yupla stap longwe long mi
Mi stap gut na hamamas
Yupla kam na bagarapim olgeta samting
Lusim mi nau long mi yet

LEAVE ME ALONE

Wherever I go
Wherever I stay
That's where my body will go down
You people don't like me
You people removed me
You people don't respect me
I don't care about you folks

I am not here because of your strength
Where I am is my own making
I struggled through the forest
To get here
No one cared about me
I closed my eyes and travelled
Until I became someone

And you folks think it is easy?
Pity while you ate the earth
I worked so hard at school

I don't want to see you folks again
Let me be on my own
You never came here with me
When you are far from me
I am fine and live in harmony
You folks came and spoilt everything
Let me be on my own

Olgeta De

Olgeta de mi ridim long niuspepa
Ol kainkain rabis pasin i winim
Taitel long ol gutpela pasin
Mi ridim:

> memba i paulim moni
> memba i go long kot
> memba i go long kalabus
> memba i winim kot
> memba i rait man
> Yumi bihainim em tasol

Olgeta taim mi harim long redio
Ol kainkain hevi i kamap
Na nogat man i wokim wanpela samting
Mi harim:

> Raskol i brukim stoa
> Raskol i kilim man
> Raskol i bagarapim meri
> Raskol i pait wantaim polis
> Raskol i go long kalabus
> Ol polis i kilim raskol

EVERY DAY

Every day I read in the newspaper
All kinds of bad ways have won
Over the good ways
I read

> Member misappropriates funds
> Member goes to court
> Member goes to jail
> Member won his court case
> Member is the right man
> We just follow him

Every time I hear on the radio
All kinds of problems have arisen
Nobody is doing anything about it
I hear

> Rascals broke and entered
> Rascals murdered a man
> Rascals raped a woman
> Rascals in gun exchange with police
> Rascals behind bars
> Police killed a rascal

Detwan How?

Detwan how and he like det
He got no shoe but be foot
He has no money to buy
Eni ding like some of us
Bikos he come from da village
Yu know from da bus ya

And why an dei do dat?
Dei should stay in da village
Dei hav nating to do in town
Dei come and spoil everyding
If I was dem I will not kam hia at all
My village have everyding I need

Sometimes I feel like screaming to dem
Forever dei mek mi angry for nading
Yu know laik dei run da place or what?
Yu go hia dei a de yu go de dei a de
But bikos I kno dei don care
I try to avoid dem all da time

What's the Matter?

What's the matter with him
He has no shoes and is bare footed
He has no money to buy
Anything like some of us
Because he comes from the village
You know, from the bush

And why do they do that?
They should stay in the village
They have nothing to do in town
They come and spoil everything
If I was them I would not come here at all
My village has everything I need

Sometimes I feel like screaming to them
They make me angry for nothing
You know, like they run the place or what?
You go here; they are there; you go there; they are there
But because I know, they don't care
I try to avoid them all the time

Toktok Nating

Sapos papa blong yu lekjara
Na mama blong yu nesmeri
Bai yu kamap wanem?
Pasindia askim
Bai mi kamap profesa
Bas draiwa bekim
Bai yu kamap wanem?
Sapos papa blong yu fama
Na mama blong yu meri nating
Bas draiwa askim
Bai mi kamap bas draiwa
Pasindia i bekim

JUST TALK

If your father is a lecturer
And your mother is a nurse
What would you become?
Asked the passenger
I would be a professor
Answered the bus driver
What would you be
If your father is a subsistence farmer
And your mother is a housewife?
Asked the bus driver
I would be a bus driver
Answered the passenger

Honiara i Paia

Ol pipol i les pinis long yupela
Olgeta moni i lus long China taun
Husait i karangi het i lusim moni
Ol Melanesia o ol China man?
Em taim bilong pipol
Long tokaut long belwari
I bin stap long taim tumas
Husait i asua long dispela hevi?
Husait tok Honiara em i kol?
Kirapim paia, kirapim skin
Yumi sikarapim ol kam man
Na tokim ol long go bek
Wanem hap China o Australia
Mipela save long tingting
Ol i gat taim ol kam hia
Nau Honiara i gat bikpela nem
Bipo husait luksave long em

HONIARA ON FIRE

People are tired of you folks
All the money is spent at Chinatown
Who lost their head and their money,
The Melanesians or the Chinese?
It is the people's time
To speak out about their burden
Locked in their stomach for long
Who is to be blamed for this outburst?
Who said Honiara is cold?
Start the fire, wake the skin
Let us scratch the migrants' skin
And tell them to go back
Whether China or Australia
We know their thoughts
Before they came here
Now Honiara has a big name
No one noticed Honiara before

Danis Bilong Yumi

Yumi kirapim musik na tanim tanim
I go i kam inap yumi sot win
Harim musik bilong Sharzy na sekim
Moa yet inap tulait i bruk long yumi
Husait em i nambawan tru long danis
Husait em i king blong danis
Husait em i kwin blong danis
He, ol lain lukluk stap long arere
Yupela tu kam na yumi sekim
Maski long giaman nabaut
Yupla tu i laik danis ya
Yupla wetim husait gen ya?
Yupla westim stail nating ya
Kam nau na yumi mekim save
Displa danis em blong yumi
Singing em yumi yet
Na hau na yupla sem nating
Moabeta yumi sasim geit fi nau
Na klosim geit na lusim yupela

Our Dance

Begin the music and dance
Dance back and forth until we're out of breath
Listen to Sharzy's music and dance
More until daylight breaks on us
Who is the number one dancer?
Who is the king of dancing?
Who is the queen of dancing?
Hey, you all watching from the side
You can come and dance with us
Who are you kidding?
You too also would like to dance
Who else are you waiting for?
You are wasting r style for nothing
Come and we can spoil it
This dance is ours
The song is our own song
And how could you be so ashamed?
Maybe we should charge the gate fee now
And close the gate and leave you out

Bilum

Mak blong Madang em i wanpla
Mak blong Sepik em i narapla
Na ol Goroka tu i gat mak
Na blong Hagen em i no wankain
Olsem blong ol Mendi Yu laik save yu yet baim na karim
Yu laik filim yu gen karim wanpela
Em i no hevi olsem saksak long karim
Em i no hevi olsem taro long karim
Em i no hevi olsem kaukau long karim
Em i no hevi olsem ston long karim
Yu traim bai olgeta stail bai pinis
Kainkain kala na mak i pinis long skin
Ol han i wokim em i gat bikpla nem
Na save blong ol i winim olgeta
Na mekim kamap bilum
I gat kik long en

BILUM

Design of Madang is one
Design of Sepik is another
And Goroka too has its design
And Hagen design is not the same
As those from Mendi
If you want to know buy one and carry it
If you want to feel it you carry one
It's not heavy like a sago bundle
It's not heavy like taro to carry
It's not heavy like sweet potato to carry
It's not heavy like stone to carry
If you try all your styles will come out
All kinds of colours and styles on your skin will shine
The hands that made the bilum are record holders
Their knowledge of making bilums is excellent
That is the reason their bilums have power

NoGen Wari

Taim ol man i bel hevi long yu
Yu lus tingting long ol
Taim ol man i tok baksait long yu
Larim ol bagarapim tingting blong ol
Yu no gen wari long displa

Bikpla samting em yu no ol
Yu bos blong yu yet
Yu save long wokabaut blong yu
Yu gat stail na yu gat laip
Ol nogat stail
Ol rabis lain

Taim yu kamap strong ol i wari
Long wanem yu winim ol
Taim yu lusim ol na go het moa
Ol bai sindaun slip sore wantaim wari
Em nau bai yu save ol nogat wanpla
Samting i strongim ol liklik
Ol nogat nem

Do Not Fetter

When people fault you
You forget them
When they talk behind you
Let them depress themselves
Don't you worry about that

Between you and them
You are your own boss
You know your own life
Your own styles and life
They have no styles
They have no name

When you have strength, they worry
Because you have risen above them
And when you leave them to go ahead
They are left to crumble and worry
That is when you will know
They have nothing to lean on
Imagine they are like human waste

Save Stap

Hamamas blong mi kam long insait
Bikos mi save yu stap na mi stap
Hamamas blong mi i strong tru
Bikos yumi tupla i stap wanbel
Na nogat wanpla samting bai senisim

Sapos mi kisim balus na go longwe
Mi bai olgeta taim tingim yu
Sapos mi kisim sip na kam lukim yu
Mi no bai long pret long si
Mi save bai mi kamap long nambis
We you bai wetim mi stap

Na tingim ol mangi em tok gris tasol
No gen ting mi wanpela save man
Long wanem samting yupla kolim laf
Mi wanpla poet tasol na mi raitim
Tingting blong mi tasol, tingim
Save dispela wok em stap wantaim yupla

KNOWS IT

My happiness is from inside
Because of you I am here
My thoughts of you are strong
Because we are happy
Nothing will change all that

Even if I fly somewhere
I will think of you all the time
If I travel on a ship to see you
I will not fear the sea
I know you will be at the beach
Waiting for me

So listen boys, that's only talk
Don't think I am someone who knows
What you call love
I am only a poet writing
My thoughts, thinking
Doing the love thing remains with you

LARIM BOUGAINVILLE

Ol Fiji solidia na Masinghu
Ol laik mekim wanem
Long Bougainville nau?
Ol i laik fait wantaim husait?
Ol i laik kilim husait gen?
Ol i laik daunim husait nau?
I nogat sem bilong ol
Long ai bilong mipela
Dispela con man na ol soldia
Painim wok stret ya
Larim Bougainville i stap bel isi
Longpela taim tumas em i bagarap
Nau yumi mas helpim em
Long kamap strong
Na lusim tingting long taim bipo
Planti ai wara i lus pinis long en

LEAVE BOUGAINVILLE ALONE

Fijian soldiers and Masinghu
What are they doing
To Bougainville now?
Who are they fighting against?
Who else are they going to kill?
Who do they want to put down now?
No shame on them
In our eyes
These conmen and soldiers
Are looking for something to do
Leave Bougainville alone in peace
It has been a long time of suffering
Now is the time for us to help them
To become strong
And forget the past
So many tears were wasted then

Man Nating

Taim yu stap long opis
Yu save toktok bikpela nating
Daunim ol narapela man
Kirapim bel kros nating
Maus bilong yu olsem sarip
Yu katim daun ol man i tokaut
Long sin bilong yu
Yu wanpela king bilong ol kon
Yu kisim ol wantok bilong yu
Putim ol long wok kuskus
Na kirapim liklik politiks
Na ting yu bai stap antap
Olgeta taim long opis
O sori draipela man
Pekatu bilong graun i pulap
Long skin bilong yu ya.
Yu man bilong hat hat nating
Nau yu man nating olsem mipela
Ol lain yu bagarapim
Taim yu holim opis

Ordinary Man

During your time in office
You talk too much
You put other people down
You create enmities
Your mouth is like a grass knife
You cut down everyone who speaks
About your sin
You are the king of cons
You brought your wantoks
Made them clerks
And you politicised your work
You think you will remain on top
All the time in the office
Oh sorry, big man
Earth's sins are plenty
On your skin and name
You seem hot-headed for nothing
Now you are an ordinary person like us
Your own people spoilt you during your term in office

Taim Bilong Yumi

Memba kamap long ples
Wantaim wanpela sowim masin
Bilong ol mama long samapim kolos
Insait long nupela Mama Asosiesen
Taim bilong eleksen i kamap gen
Memba nau tasol i kamap hia
Bipo em stap we taim mipela singaut
Long em kam na luksave long sindaun
Bilong mipela long ples bilong yumi
Oloman yu ting mipela stupid lain
Yu ting mipela ol baksait lain
Yu ting mipela bai wanbel long yu
Taim bilong yumi long soim yu
Husait em i putim yu long palemen
Nau bai mipela lukim husait bai win
Moabeta yu stap longwe long hia
Go stap long hap we bai yu strongim
Vote bilong yu, ino long hia

OUR TIME

Member arrives in the village
With a sewing machine
For mothers to sew clothes
In the new Mama Assosciation
Time for election has begun again
Member only now turns up here
In the past where was he when we called
For him to come and see this living
Of ours in the village
Man, you think we are a stupid lot
You think we are a backward mob
You think we will support you
Our turn to show you
Who voted you to Parliament
Now we will see who will win
Better for you to stay far away from here
Go stay where you will strengthen
Your votes, not here

STRAIK STAP

Taim mi go long skul
Mi lainim olgeta samting
Mi lainim long rid na rait
Mi lainim long harim toktok
Mi lainim long rispektim ol narapela
Na mi hamamas tru long tisa bilong mi
Tasol nau mi no hamamas long em
Em tu go straik wantaim ol narapela
Em i no rispektim mipela ol sumatin
Em tingim pei bilong em tasol
Nau mipela hangere long save stap
Oiyo, maski nau bai mi mekim wanem?

ON STRIKE

When I was in school
I learnt everything
I learnt to read and write
Learnt to listen
I learnt to respect others
And I was pleased with my teacher
But, now I'm not happy with her
She too is on strike with others
She did not respect us students
She thinks of her pay only
Now we are hungry for knowledge
What will I do now?

LUKSAVE STAP

Harim gut na skelim tingting
Em i no samting bilong pilai pilai
Mi tokim yupela gutpela tingting
Yupela nogen pasim yau hariap
Harim gut na skelim pastaim
Em i no samting bilong lusim het
Mi tokim yupela stretpela toktok
Yupela harim pastaim na bekim
Nogen kamap olsem ol longlong dok
Husait nogat tingting
Ol save go dai nating nating long rot
Mi laik tokim yupela toktok bai helpim yupela
Nogen daunim yupela yet
Luksave na tingim yupela wantok ya

UNDERSTANDING

Listen and understand
It's nothing to play around with
I'm telling you valuable things
You don't have to shut off yet
Listen good and understand
It is nothing to lose your head over
I'm telling you the truth
Listen before you respond
Don't become a crazy dog
Who has no sense
Dogs die without a cause on the road
I want to give you advice that will help
Don't let yourself down
See and understand yourself as wantoks

BILIP

Bilip em i no stap olsem ston
Bilip em i gat laip
Em i save wok
Sapos yu wok wantaim bilip
Yu gen winim olgeta hevi
Sik na sua na kamap strong
Yu gen kamap olsem husait
Yu bin driman long kamap
Bikos yu gat bilip long yu yet
Dispela lo em nambawan lo
Sapos yu bihainim stret
Bai yu gen kamap rits man
Yu gen kamap bikpela save man
Yu gen winim olgeta traim
Na yu bai go het moa yet

(inspired by Anthony Robbins, *Unlimited Power* 1986).

BELIEVE

Belief is not like stone
Belief has life
It always works
If you work with belief
You can overcome all challenges,
Sores and snares to be strong
You can become what you want to be
The person you dreamt to be
Because you believe in yourself
This principle is the main one
If you follow it with your heart
You will become a rich man
You can become a great wise man
You can rise above the challenge
And go further than the present

(inspired by Anthony Robbins, *Unlimited Power* 1986).

GIAMANIM HUSAIT

Yumi yet i bagarapim ples blong yumi
Pasin blong bus yumi karim i kam
Long taun na siti na mekim save stap
Taim siti kaunsol i laik stretim ples
Yumi hariap long maus na kros
Olsem yumi stap long ples kanaka

Aiyo mi les pinis long dispela pasin ya
Traim na tingting ples i bagarap long wanem
Yumi no save tingting gut liklik
Yumi no tingim narapela man o meri
Yumi kamap olsem ol longlong lain
Na mekim nating nating ol samting

Asua bilong mipla nogat man bai stretim
Yumi yet mas lukluk insait long mipla yet
Na traim stretim ol pasin bus kanaka
Bilong mipela yumi save strong tumas
Long holim na bagarapim laip bilong ol narapela
Olsem mi tok tasol save stap wantaim yupela

WHO IS TO BLAME

We spoilt our own country
We brought with us backward behaviour
To our towns and cities, to live with
When the City Council tries to fix our cities
We are quick to complain
As if we are living in primitive times

Man, I'm tired of this behavior
Why is our country messed up
We never for once think right for a moment
We don't think about other people
We have become a disillusioned lot
Doing things without care

Our problems, no one will fix them
We should look inside ourselves
And change the primitive attitudes
Of ours that we insist on recognizing
And that holds onto and ruins others' lives
I'm only saying, the decision is yours

Daunim Nem

Traim na tingim ol skul mangi
Taim yupela biket long skul
Laip bilong yu long bihain tu
Bai bagarap olsem yupela i no lainim
Wanpla gutpla pasin
Ol mangi yupla drink bia na smuk
Het bilong yupela i sting pinis
Ol meri yupla harim gris tok
Bilong ol wanskul em yupla
Kamap kwin blong rot
Na sapos yupla karim bel solap
Em wari bilong yupla yet
Traim na stap gut long skul
Na lainim gutpla samting
I gen strongim laip bilong yupla
Harim toktok blong mama papa
Na bai wokabout blong yupla i stret
Displa pasin blong rabisim yupla yet
Em i nambawan we blong daunim nem
Blong yupla long nau na bihain taim

HUMBLE YOURSELF

Think for a moment schoolchildren
When you misbehave in school
Your life in the future
Will turn out wrong
For you have not followed
The right path
Youths, you smoke and drink beer
Your mind is rotten
Ladies, you are listening to rubbish
From your school mates
You will become queens of the road
And when you are pregnant
That is your own worry
Try and stay in school
And learn good things
That will strengthen you
Listen to your parents
And your walk to the future will be right
This way of denying yourself
Is the first way to let yourself down
Now and in future

Pasin

Insait long wanwan ples bilong yumi
I gat gutpela save i stap olgeta taim
Sapos yumi go bek bai yumi lainim
Olsem save tumbuna i stap yet
Pasin bilong lukautim graun i stap
Pasin bilong kamapim wok i stap
Pasin bilong singautim abus i stap
Pasin bilong wokim gaden i stap
Pasin bilong singsing i stap
Na pasin bilong stretim sik na sua i stap
Yumi gen lainim ol save bilong wait man
Tasol yumi mas luksave tu
Long olpasin bilong mipela
Em ol i stap na mekim mipela hamamas
Long wanem mipela save long ol
Tingim, sapos yu stap long narapela hap
Bai yu filim olsem yu no wankain
Olsem ol lain yu stap wantaim
Yu bilong Papua New Guinea

WAYS

In our villages
There are good ways
If we return we will learn
Our traditions are still alive
Ways to look after our land are there
Ways to develop our lives are there
Ways to hunt are there
Ways to make gardens are there
Ways to sing and dance are there
And ways to heal our illnesses are there
We can learn the white man's ways
But we must recognize
Our traditional ways
They are there to make us happy
Because we know them all
Imagine if you are in another country
You will see that you are not the same
Like the people you live with
You are from Papua New Guinea

AROMA COAST

Taim solwara i go bek long osen
Nambis i kam ausait olgeta
Ol man meri i bung long Pelagai
Na resis long liklik kanu
Inap san i go daun

Long nait ol mangi Maopa
Pulim lain long nambis
Singsing igo kam inap tulait
Nogat koros long dispela
Em pasin bilong Aroma coast

Na ol meri Paramana tu
Ol i go daun long nambis
Pulim taitim kanu i go kam
Inap tulait long Papuan coast
Em stail bilong Aroma stret

Aroma Coast

When the sea returns to the ocean
The seashore comes up
People gather at Pelagai
And race their little canoes
Till the sun goes down

At night, Maopa boys
Walk along the beach
Singing and partying until morning
No one is bothered with this
That is the Aroma Coast style

And Paramana girls
They also go down to the beach
Playing around with canoes
Until twilight on the Papuan coast
That is the Aroma way

Gabagaba

Husait tokim ol long mekim ples
Long maus wara stret
Taim ren i pundaun
Na wara i tait
Nogat man bai stopim
Pilai bilong solwara
Na wara bilong graun
Hamamas bilong ol
I winim wari bilong ol manmeri
Bilong ples Gabagaba
Ol i mas ronowe
Igo insait long haus hariap
Dispela pilai bilong wara
Em i save bagarapim ples
Inap long wanpela nait o de

GABAGABA

Who told them to build their village
At the mouth of the river?
When it rains
And it floods
No one will stop
The game of the sea
And the water beneath the earth
The pleasure
Is greater than those of people
Of Gabagaba Village
They must escape
Into their houses quickly
This game of the river
Always destroys the village
For a night or day

KALO

Dispela stori bilong pukpuk
Bilong Kemp Welsh River
I narakain stori stret
Taim ol lain i go long mangro
Ol i mas was gut long pukpuk
Sapos em i kros long ol
Em bai kisim ol long ples
Bilong em long mangro
Na ating long dispela stori tasol
Na ol Kalo i no moa using matmat
Ol nau kamapim nupela pasin
Ol i save plainim ol lain i dai
Aninnit long haus bilong ol
Sapos yu askim ol long dispela
Bai ol tokim yu
 Em isi long was
Long husait i dai pinis

KALO

The story of the crocodile
Of Kemp Welsh River
Is an unusual story
When people go to the mangroves
They must look out for the crocodile
If he is angry with them
It will take them at his home
In the mangroves
Perhaps because of this story
The Kalo people abandoned their cemetry
And began a new practice
Of burying their dead
Under their houses
If you ask them about this
They will tell you
 It's easy to watch over those
Who have passed away

Sepik Pawa

Mi wok long tingting igo
Na tingting i sot nogut tru
Dispela singsing ol i kolim
Koni laikim Lucy
Ol tanim gen na singsing
Koni rausim Lucy
Oloman marit i no wok
Na man i rausim meri
Kain stail bilong ol Wosera
I kamap long singsing kita
Na kukim stret Redio Wewak
Taim mi stap mangi yet
Nau mi tingim dispela singsing
Em i gat kik stret long Sepik
Husait tru asua, Koni or Lucy?

SEPIK POWER

I have been thinking
My thoughts come up less
This song they call
Koni loves Lucy
In the reverse version they sing
Koni divorces Lucy
The marriage did not work
And the man divorced his wife
That is Wosera style
Appearing in guitar music
And it dominated Radio Wewak
When I was a child
Now thinking of this song
It has the Sepik power
Who is to be blamed, Koni or Lucy?

Olsem Pis

Lapun man i sutim karuwa
Em i kalap kalap
Em i tanim tanim
Kainkain singsing bilong bipo
I gat stail bilong tanim tanim
Ol mangi save singsing nating nating
Long kamapim pilai makmak sut
Na yu ting ol i pilai wan wan
Nogat ya ol i save poro poro
Na pilai igo kam igo kam
Ples i save paia stret long singaut
Bilong ol mangi ron as nating
I go kam olsem ol propela
Bilong balus bilong ol MAF
Ol mama singaut singaut nating
Ol papa koros koros nating
Ol manki i olsem pis
Lapun man i sutim long supia

LIKE A FISH

The old man speared the fish
It jumped and jumped
It twisted and twisted
All kinds of songs from the past
With their own styles of performance
The children sing without a care
And play target shooting
And you thought they are enemies
No, they are friends
They play like this all the time
The village is on fire
When children run around naked
Going and coming like a propeller
Belonging to the MAF plane
Their mothers call out in vain
Their fathers get angry for nothing
The children are like the fish
The old man caught with his spear

BIHAINIM EM

Man yu go long we
Na kamap olsem ol
Ino moa mangi nating
Kain stail tu yu lainim
Na nau yu soim mipela
Bai mipela tu kamap
Olsem yu na mekim save
Bai ples bilong mipela
Senis liklik olsem ples
Yu go stap long en
Tru tumas ol mangi
Yumi stap olsem kanaka
Husait i no laik senis
Ating dispela pasin
Mas senis tu
Yumi noken pasim
Tingting bilong mipela
Kirap na bihainim em
Sapos yupela laik senis

FOLLOW

Where have you been, man?
And you have become like them
You are no longer a pitiful one
You have learnt new styles
And are showing us
So that we too will become
Like you and make it hot
So that our place too
Will change like those places
Where you have been
It's quite true, boys
We've been living like primitives
Who do not want to change
Maybe this attitude
Too must change
We must not block
Our minds
Wake up and follow him
If you want to change

Tarasel

Sori long tarasel
Taim em lusim wesan
Na kamaut long san
Em i mas lukaut gut
Long kainkain birua
Taim em i ran igo long solwara
Insait long solwara tu
Kainkain birua i stap
Em nogat mama o papa
Long lukautim em
Em mas stap bilong em yet
Inap em i bikpela tru
Ol man i save kilim tarasel
Ol i no sori long turangu
Sapos ol lukim ai bilong em
Bai ol i lukim em karai
Nogen kilim em

Turtle

Poor turtle
When it leaves water
And appears in the sun
It must be careful
With all kinds of trouble
When it crawls to the sea
In the sea
There are all kinds of dangers
It does not have any parents
To look after it
It must survive on its own
Until it has grown to maturity
People who kill turtles
Never feel sympthy with turtles
If they watch a turtle's eyes
They will see it crying
Don't kill turtles

Muruk na Pato

Muruk na Pato pilai politiks
Muruk daunim Pato long toktok
Em i tok Pato em save kaikai hap bred
Pato tanim na tokim Muruk
Yu wanpela turangu man stret
Olgeta man senis na yu nogat
Long wanem yu no save long flai
Muruk bekim bek na tok
Yu wanpela longlong man
Yu nogat tingting stret
Olgeta lain ol winim yu
Na kisim prais tasol yu las man
Long wanmen wokabaut bilong yu
I no save hariap liklik
Pato taimim bek na tok
Yu no save long singsing
Long wanem nek bilong yu
I pas long ol rabis kaikai yu kisim
Muruk tok em orait tasol yu
Nogat nem long Papua New Guinea

CASSOWARY AND DUCK

The cassowary and the duck play politics
The cassowary spoke ill of the duck
It said the duck eats pieces of bread
The duck turned and told the cassowary
You are one of those poor buggers
Everybody has changed and you have not
Because you don't know how to fly
The cassowary replied
You are one stupid man
You don't have any brains
All the time they defeated you
And received prizes
Because your walking
Is never any faster
The duck turned around and said
You don't know how to sing
Because your vocal cords
Are blocked with the rubbish food you ate
The cassowary said that's fine
You have no name in Papua New Guinea

PASIN PASIFIK

Tupela maus bilong yumi Pasifik
Yu kam long ailan or maunten
Yu drip man o papa graun
Taim yu harim maus bilong
Taur na garamut yu klia
Olsem igat bikpela toktok
I stap insait long singaut
Bilong tupela maus bilong Pasifik
Na taim ol Polynesia winim taur
Ol Melanesia i hamarim garamut
Na singautim ol Micronesia
Long kam bung olsem wansolwara
Yumi nogat koros namel long yumi
Yu hamamas long laip bilong mipela
Em ol narapela i mangalim na tok
Pasin Pasifik em trupela pasin

Pasifik Way

Our two voices
Whether you're from the islands or the mountains,
A migrant or landowner
When you hear the call of
The conchshell and the drum, you will know
That a meeting will take place
A message within
These voices of the Pasifik
Polynesians will blow the conchshells
The Melanesians will beat the drums
And call the Micronesians
To come meet together as islanders
We don't have any differences
We are happy with our lives
That others are so envious of
The Pasifik way, the true way

YU YET

Sapos yu laik kamap strong
Yu mas lainim long tok nogat
Planti taim yumi save daunim
Mipela yet taim mipela harim gris
Bilong ol narapela man na meri
Dispela pasin em banisim laik
Bilong mipela long tingim
Laip bilong mipela yet

Sapos yu wanpela man bilong tok
Yes, yes tasol em bai yu olsem
Wanpela buk i op nogut tru
Na ol kainkain man bai ridim
Laip bilong yu nating tru
Na bihain ol i daunim yu
Inap yu kisim bikpela hevi
Olsem save em stap long yu
Sapos yu no laik maski
Givim igo inap win i sot

Taim yu stap bilong yu yet
Bai yu lukim ol longlong bilong ol
I kamap ples klia olsem win i kam
Na rausim pipia i stap long graun
Pasin bilong ol i no olsem blong yu
Yu gat gutpela tingting na stap
Moabeta yu save long dispela
Nogut bihain yu wari long asua

BE YOURSELF

If you want to be strong
You must learn to say no
Most times we deny
Ourselves when we listen
To other people
Such attitudes have denied
Us from thinking about
Our own lives

If you are someone who says
Yes, yes to everything
You are an open book
And everyone will read it
Your life is nothing
And they betray you
Until you are burdened
The onus is on you
If you disagree then
Do what you have to do

When you are on your own
You will see their reckless behavior
Emerge like the wind around
To remove rubbish on the ground
Their ways aren't like yours
You are thoughtful and wise
You better know about this
In case you worry about it later

KAMBEK

Mi raitim dispela long Niu Silan
Mi bin kambek long olpela skul
Bipo mi bin stap long hia
Tupela krismas olgeta
Taim mi bin stap mi bin yangpela man
Nau mi kam stap mi save tingim
Ol tripela pikinini bilong mi
Ol i save harim na tingting tasol
Long dispela hap mi stap long en
Sapos mi gat planti moni
Bai mi salim tiket long ol
Na bai ol kam lukim ples tasol
Na ol i gen hamamas liklik
Mi yet mi raun inap pinis
Planti hap mi lukim pinis
Ating nau mi go bek long ples
Bai mi stap olgeta

RETURN

I'm writing this in New Zealand
I returned to the old school
I was here before
Two years in all
When I was here I was a young man
Now when I am here I always think
Of my three children
They only hear and think
About this place that I am at
If I have a lot of money
I will sent them each a ticket
So that they can come and see the place
And they can enjoy it
I have travelled enough
I have seen so many places
Maybe I should return home
And stay forever

Mandarin Sevis

Mi ring long ples long moning
Tasol mi kisim Mandarin sevis
Wanpela taim, tupela taim, tripela taim
Sem toktok ol i bin katim pinis long en
Making nek bilong ol pisin
Na mi kirap nogut tru
Em toktok ol i mekim long Mandarin
Long toksave long Saina kisim
Kantri bilong mi long nau moning
Em tru or nogat?
Long wanem i bin igat pait namel
Long Tokpisin, Airis, na Bahasa
Nogat Mandarin em save hait na kilim

Mandarin Service

I rang up home this morning
Only to link up with Mandarin service
Once, twice, and thrice
The same prerecorded message
In some bird chuckling
Then it occurred to me that
It is the Mandarin broadcast
Of the Chinese take over
Of my country this morning
Is this possible?
After all there was a cell phone war
Between Chinese, Irish and Bahasa
Would this surpise me?
No, Mandarin is the silent killer

STEVEN EDMUND WINDUO is a writer scholar from Papua New Guinea. His three previous collections of poetry are *Lomo'ha I am, in Spirit's Voice I Call* (1991) *Hembemba: Rivers of the Forest* (2000), and *A Rower's Song* (2009). This collection is the fourth collection of poetry. His short story collection is *The Unpainted Mask* (2010). Steven has recited his poetry in PNG, Australia, New Zealand, Fiji, Canada, Minnesota, and Hawaii. He is a graduate of the University of Papua New Guinea, University of Canterbury, NZ, and the University of Minnesota, USA. He is a senior lecturer in Literature at the University of Papua New Guinea.

Steven is a distinguished scholar of literatures and cultures of Oceania. He was awarded the Arthur Lynn Andrews Chair in Pacific and Asian Studies, held within the Center for Pacific Islands Studies, University of Hawaii (2011), Visiting Research Scholar at the East West Center, held within the Pacific Islands Development Program (2011), Visiting Professor, Department of English, University of Minnesota (2007-2008), and Research Scholar with the Macmillan Brown Centre for Pacific Islands Studies, University of Canterbury, New Zealand (2006). He was foundation director of Melanesian and Pacific Studies, University of Papua New Guinea (2002-2005).

www.ingramcontent.com/pod-product-compliance
Lightning Source LLC
Chambersburg PA
CBHW070735230426
43665CB00016B/2248